UN

VENDÉEN

DOCUMENTS HISTORIQUES

PUBLIÉS

PAR

EDMOND STOFFLET

NANTES

IMPRIMERIE VINCENT FOREST ET ÉMILE GRIMAUD

PLACE DU COMMERCE, 4

1877

UN VENDÉEN

DU MÊME AUTEUR

La Femme en France, un vol. in-8°, chez Barassé, à Angers (1873), 2e édition.

Stofflet et la Vendée, un beau vol. in-18, avec carte spéciale; Paris, Plon et Cie, éditeurs, 10, rue Garancière.

Un Vendéen a été publié dans les nos d'août et de septembre 1877 de la *Revue de Bretagne et de Vendée.*

UN

VENDÉEN

DOCUMENTS HISTORIQUES

PUBLIÉS

PAR

EDMOND STOFFLET

NANTES

IMPRIMERIE VINCENT FOREST ET ÉMILE GRIMAUD

PLACE DU COMMERCE, 4

1877

UN VENDÉEN

DOCUMENTS HISTORIQUES

Les documents que nous allons signaler ont pour auteur Coulon, l'un des soldats les plus dévoués de la cause catholique et royale, l'un des hommes les mieux placés pour connaître l'histoire de la Vendée. Cette histoire glorieuse, il a contribué à la créer avec son sang ; ses relations particulières avec Stofflet, dont il fut un moment le secrétaire, l'ont mis à même d'apprécier des actes qui échappaient à la masse des combattants.

I

Michel-Antoine Coulon, né à Coron, dans le Bocage vendéen, le 4 février 1772, fut un des courageux jeunes gens qui, au mois de mars 1793, refusèrent leur concours aux crimes, aux persécutions impies, aux opprobres et aux hontes d'une révolution dévoyée et abandonnée aux furies ignominieuses de la Terreur. Lui-même nous l'apprend dans un manuscrit, malheureusement trop succinct, où se trouvent résumés ses souvenirs militaires, avec le simple titre de *Notes sur les événements de la Vendée, particulièrement sur ce qui est relatif à Stofflet* [1]. Ce document mérite une large analyse.

[1] Ces notes forment un petit in-folio de 12 pages; l'écriture est nette, élégante même; le style réclame çà et là des corrections grammaticales. Ce manuscrit fut ré-

Les deux premiers Vendéens, Cathelineau et Stofflet, avaient commencé la lutte en même temps, sur des points divers, avec un égal bonheur. Attirés l'un vers l'autre par la rapide renommée de leurs mutuels succès, le désir de frapper un grand coup sur une ville importante et la nécessité d'accroître leurs chances en liguant leurs forces, ils prirent la direction de Cholet. Cathelineau y venait de Jallais et de Chemillé; Stofflet accourait de Maulévrier et de Vezins.

Coulon assistait à la rencontre des deux troupes aux environs de Nuaillé : « L'on marcha sur Cholet, racontent ses *Notes ;* Stofflet se mit à la tête de la partie gauche de la grande route, fit sa jonction avec Cathelineau, un mercredi 14 mars, et on fut attaquer Cholet. Les républicains de Cholet croyaient avoir affaire à une poignée de brigands, qu'ils pensaient disperser, comme ils avaient fait à la Saint-Louis précédente, à Bressuire ; forts de leurs canons (qu'ils avaient volés à Maulévrier), de beaux fusils de munition et de cinq cents grandes piques, ils se flattaient d'une victoire complète. Mais une pièce de quatre, que Cathelineau avait prise à Jallais, et que l'on nomma le *Missionnaire,* parfaitement pointée, mit la confusion dans leurs rangs et occasionna une défaite complète; une partie se réfugia dans le château, qui fut attaqué sur-le-champ même: tous furent pris comme prisonniers. On nous avait fait croire qu'il y avait beaucoup de nobles à la tête de ce mouvement ; je n'en connus aucun. Je ne vis dans cette journée diriger toutes les opérations que Cathelineau et Stofflet, que son air militaire faisait

digé à la demande de M. le comte Colbert de Maulévrier, qui recueillait avec une touchante sollicitude les souvenirs des exploits accomplis par la vaillance de Stofflet, son garde-chasse. Il semble aussi que Coulon ait voulu compléter ou rectifier un autre *Mémoire,* que Guibert, divisionnaire de l'armée de Stofflet, avait aussi remis au comte Colbert. Celui-ci fusionna les deux documents, en y mêlant sans doute encore des renseignements puisés ailleurs, dans un travail personnel (grand in-folio de 44 pages), intitulé : *Mémoire composé sur ceux de MM. Guibert et Coulon.* J'ai eu la bonne fortune, grâce à l'amicale obligeance de M. le marquis René de Colbert, de retrouver dans les archives du château de Maulévrier le récit écrit de la main de son père et les notes de Coulon; mais toute trace du manuscrit de Guibert avait disparu. J'ai beaucoup puisé à ces sources précieuses, pour écrire l'histoire de *Stofflet et la Vendée.*

prendre, par ceux qui ne le connaissaient pas, pour un homme de grand rang.

» On sonna le tocsin partout. Le rassemblement s'accrut considérablement. Le lendemain matin, nous partîmes de Cholet pour Vihiers. MM. Genet, Moricet et Vinet furent députés auprès du district de Vihiers pour l'engager à se rendre; ils furent victimes de leur dévouement. Le district et les républicains, loin de profiter de leurs avis, vinrent au devant de nous; ils placèrent leur artillerie entre les Hommes et Coron, et la nôtre était postée à la sortie du bourg. Nos braves, dirigés par Stofflet et Cathelineau, furent en tirailleurs sur les flancs de l'ennemi. Les canonniers furent tués à leurs pièces, la déroute prit leur armée, et nous nous emparâmes de la fameuse pièce de canon connue depuis sous le nom de *Marie-Jeanne.* Nous poursuivîmes nos ennemis de l'autre côté de Vihiers; nous y passâmes la nuit. Ce fut là que notre brave Stofflet commença à établir un état-major [1]. L'on discuta longtemps si l'on marcherait sur Saumur; mais comme notre armée s'était beaucoup diminuée par le désir que nos braves avaient de rentrer chez eux, croyant leurs affaires finies, nous fûmes obligés de rester à Cholet. On y établit une administration civile au nom du roi et un

[1] Dans une intéressante étude, intitulée *le Curé Cantiteau, notes sur les Cathelineau* (publiée d'abord dans la *Revue d'Anjou*), M. L. de La Sicotière, l'honorable sénateur de l'Orne, prétend que j'ai eu tort, dans *Stofflet et la Vendée*, de considérer Stofflet comme « le premier chef de l'insurrection. » C'est pourtant une vérité historique. Stofflet, traqué par la République et caché au château de Vilfort où il préparait la résistance, était personnellement en lutte bien avant le 13 mars 1793. Ce jour-là, Cathelineau et Stofflet, chacun de leur côté, se sont mis à la tête d'une poignée de braves et tous deux ont eu, à la même heure, des coups de main heureux contre les républicains. Il est donc injuste, malgré l'usage de plusieurs historiens, de considérer Cathelineau comme l'*unique* promoteur de l'insurrection ; Stofflet a un droit égal à cette gloire. Mais ce n'est pas assez. Où paraît la première armée véritable de la Vendée? A Cholet. Qui la commande en chef? C'est Stofflet. Nous avons là-dessus une preuve irrécusable. La sommation adressée à la garnison républicaine de cette ville porte la signature de *Stofflet, commandant*, et non la signature de Cathelineau. C'est donc sous le commandement de Stofflet que la Vendée a vu sa première armée et a remporté sa première grande victoire. Il semble même que Stofflet ait gardé le commandement supérieur pendant cette petite campagne, puisque au témoignage de Coulon il « commença à établir un état-major. »

commandant de place. L'armée se dirigea sur Chemillé avec l'artillerie. »

La révolte se précipite et s'étend comme une lave ardente; les soldats de Stofflet et de Cathelineau, que renforce une troupe amenée des environs de Beaupreau par d'Elbée, battent les républicains à Chemillé, s'emparent de Chalonnes et menacent les principaux points du Bocage.

Coulon assiste aux engagements quotidiens; mais sa modestie désintéressée nous résume la trame générale de la lutte en oubliant d'indiquer sa part personnelle.

Chemillé fut un moment le centre des opérations. « C'est à cette époque, continue notre narrateur, que l'on chercha à organiser autant que possible; dans toutes les paroisses, il se forma des comités avec des capitaines et lieutenants pour conduire les hommes à l'armée. On forma un corps de cavalerie dont le commandement fut confié à M. de Dommaigné. Le quartier général était composé alors de MM. d'Elbée, Cathelineau et Stofflet, que l'on considérait comme commandants et sans connaître lequel était le premier; cependant l'on s'accordait à regarder M. Cathelineau, et lui en déférait l'honneur à M. d'Elbée. »

De leur côté, les républicains ne demeurent pas inactifs, les batailles isolées ne leur avaient guère réussi; ils prennent des mesures impitoyables contre les paysans suspects et organisent un plan d'attaque générale pour enlacer le pays dans un cordon de troupes. « Le 11 avril, dit Coulon, nous fûmes attaqués sur tous les points à la fois. Coron devint le point qui fut menacé avec le plus de force: Stofflet s'y porta avec six mille hommes. On se battit avec beaucoup d'acharnement; mais le défaut de munitions et le grand nombre d'ennemis nous forcèrent à nous replier sur Vezins. Une armée était sortie d'Angers et était venue attaquer à Chemillé MM. d'Elbée et Cathelineau, qui firent une résistance opiniâtre; les républicains, bien plus nombreux, tentèrent l'arme blanche et payèrent leur effronterie; la mêlée fut tellement forte, que les faulx à revers et les brocs couvrirent de morts la place de Saint-Pierre. La victoire fut due au courage et à la bravoure de MM. d'Elbée et Cathelineau ; les républicains furent obligés de se retirer avec une perte considérable. M. Stofflet, qui s'était replié à Cholet, vint faire sa jonction avec ces messieurs. Les républicains, informés des progrès de leur armée de Coron, revinrent à la charge et nous fûmes contraints de nous replier sur Beaupreau. Alors toute cette partie fut occupée par les républicains jusqu'à Cholet. »

Sur ces entrefaites, arrive le secours précieux et inattendu de Henry de La Rochejaquelein; il accourt des environs de Bressuire, avec une compagnie qui avait enlevé déjà un poste des bleus au village des Aubiers. « La victoire de M. Henry releva l'abattement où notre retraite nous avait réduits ; les munitions qu'il nous procura décidèrent nos Messieurs à attaquer les républicains, dont l'avant-garde était dans le château du Bois-Grolleau. M. de Bonchamps, dont le talent et les mérites sont si bien connus, faisait aussi partie de notre armée. Nous arrivâmes à Cholet sur différents points. Le château du Bois-Grolleau fut cerné. L'intrépidité des soldats nous fit perdre plus de deux cents braves ; j'y eus une jambe traversée. Pendant cette attaque, Tonnelet, garde de M. de Colbert, réunit les environs de Maulévrier, vint attaquer deux mille hommes qui étaient campés à la Crilloire et Tout-le-Monde, et les battit. Toute l'armée républicaine, forte de 45,000 hommes, se réunit et accourut pour délivrer ceux qui étaient assiégés au Bois-Grolleau. Elle fut complétement battue le 19 avril. La déroute fut à son comble; plus de trois mille hommes restèrent sur le terrain, six mille furent faits prisonniers ; vingt-huit pièces de canons, trente-deux caissons, furent les fruits de cette mémorable journée, qui releva le courage vendéen et terrorisa les républicains, qui ne voulaient plus croire n'avoir affaire qu'à des paysans du pays. »

La blessure de Coulon lui occasionna une maladie grave. A peine remis, son dévouement inaltérable le ramène au combat. A Luçon, il se montre un des plus ardents, comme s'il voulait regagner le temps perdu. Son sang coule de nouveau pour la cause de Dieu et du roi. Contraint de rester longtemps éloigné des opérations militaires, il se tait sur les grands événements qui suivirent cette glorieuse aurore de la Vendée, « ainsi que sur le zèle et la bravoure que notre brave Stofflet n'a jamais démentis. » Le récit reprend au moment où ce chef et La Rochejaquelein reparurent presque seuls, après le fatal passage de la Loire, dans le Bocage désert et désolé.

« Ce fut quelques jours avant Noël, nous dit Coulon, que j'eus l'honneur de les revoir à Maulévrier. L'armée de M. Charette y était. J'eus connaissance de la dureté avec laquelle ce général les reçut. Il avait le projet d'aller attaquer Cholet, mais les renseignements que ces Messieurs lui donnèrent lui firent changer son plan. Nous le suivîmes jusqu'à Mallièvre ; alors MM. de la Rochejaquelein et Stofflet le quittèrent, ainsi que les Angevins qui s'étaient réunis à lui dans son voyage. J'étais encore dans un état affreux, par suite des blessures que j'avais reçues le 14 août à Luçon, et ces Messieurs m'engagèrent à me cacher pour pouvoir me soigner.

» Je puis assurer que, pendant que j'eus occasion de voir ces Messieurs, j'étais édifié de leur union et même de l'intime amitié qui existait entre eux et que j'ai toujours entendu dire qu'elle ne s'était jamais démentie, et que personne ne fut plus sensible à la mort de M. Henry de la Rochejaquelein que notre bon Stofflet. Mais ce n'était pas le moment de le faire connaître ; il fallait songer à relever l'esprit du petit rassemblement, et même tâcher de tenir cette perte secrète. La perte de M. Henry fut grandement sentie par notre brave Stofflet, et il l'a regrettée jusqu'au dernier instant de sa vie. Personne n'a été plus à même de le connaître que moi ; je puis affirmer que c'est une calomnie affreuse, de la part des ennemis de sa mémoire, de l'avoir aussi mal noté pour la postérité et qu'il était digne d'avoir une part plus glorieuse dans nos histoires ; mais ceux qui ont écrit ont écrit pour eux ou ont été mal informés.

» Il est cependant certain que Stofflet a été le restaurateur de l'armée d'Anjou ; après la mort de M. Henry de la Rochejaquelein, il restait seul d'ancien général vendéen ; il avait à combattre les républicains qui occupaient les communes, et des colonnes nombreuses qui parcouraient le pays dans tous les points en égorgeant et incendiant tout ce qu'elles rencontraient. Au milieu de ces cantonnements et de ces colonnes, dans la saison la plus rigoureuse de l'année, Stofflet parvint à battre les petits cantonnements, à forcer les républicains à évacuer les petits postes et à former des camps.

» Chaque jour il y avait quelques affaires. Mais une dont on n'a pas parlé, et que je regarde comme la plus mémorable de ce temps-là, fut le 2 février à Gesté; aussi me fais-je un plaisir de vous en donner des détails.

» Notre général Stofflet avait réuni environ quinze cents hommes bien décidés. A la pointe du jour, trois mille hommes venant de Cholet les attaquèrent : ils furent complétement battus et poursuivis une lieue et demie. Les Vendéens revinrent à Gesté pour y déjeuner; mais ils y furent reçus par quatre mille bleus, venus de Saint-Florent. Le général harangua sa troupe, qui était déjà bien lassée, et la prépara au combat, qui fut très-vif. Stofflet, s'apercevant que sa petite armée perdait contenance, descendit de cheval au milieu du feu et dit à ses soldats : – « Allons, mes enfants, prenons courage ; » c'est ici qu'il faut vaincre ou mourir ! » Le danger où Stofflet s'exposa ranima le courage; sa troupe débusqua l'ennemi, le battit complétement et le poursuivit encore fort loin. L'armée avait besoin de prendre quelque chose et de se reposer; elle revint à Gesté, où elle trouva les provisions que l'ennemi y avait laissées. Environ une heure et demie après, une colonne de deux mille hommes, venant de Nantes, se présenta encore pour attaquer. M. de Bruc s'était réuni au général, un instant avant, avec six cents hommes. Le renfort que l'armée avait reçu enflamma son courage; on prit les armes et vola pour la troisième fois à la victoire. Tous les convois et munitions des bleus furent pris; leur déroute fut tellement forte, que ceux qui s'échappèrent ne durent leur salut qu'à la faveur de la nuit.

» Dans cette journée, Stofflet battit, avec environ deux mille hommes, neuf mille républicains, à trois différentes reprises, et certainement cette victoire fut due à son courage et à son énergie.

» Il est bon de noter ici que la mort de M. Henry de la Rochejaquelein était tellement secrète, que les républicains croyaient toujours avoir affaire à lui ; et même la majeure partie de la Vendée ne le croyait que blessé.

» A partir de cette époque, il y eut toujours des rassemblements ; les bleus étaient en si grand nombre, que l'on avait souvent des défaites ; mais, par les bons soins du général, le lieu de retraite était connu.

» Quelques jours après cette affaire de Gesté, l'armée vint à Maulévrier. C'est là que M. Stofflet me confia la mort de M. de la Rochejaquelein. Il était alors accompagné de MM. de Bruc frères, de M. de Fleuriot, de M. de Rostaing, qui commandait la cavalerie, de MM. Bérard, de la Bouëre, et de plusieurs autres officiers dont les noms m'ont échappé ; M. Baugé [1] n'y paraissait qu'accidentellement et comme simple particulier.

» Mes blessures ne me permirent encore pas de suivre l'armée, qui alla attaquer le cantonnement de Cholet, commandé par le général Moulin, qui eut tant de rage de se voir battu par Stofflet qu'il s'en brûla la cervelle. »

A cette époque, la lutte entre les royalistes et les républicains reprend son incomparable éclat ; et si les Vendéens ont mérité le nom de géants que l'histoire a consacré, ce nom appartient surtout à ces restes de la grande armée, à cette poignée de héros qui s'acharnent dans leur dévouement sans espérance et contre toute misère ; leur activité se centuple avec le danger, et ces glorieux vaincus, chaque jour décimés et chaque jour revenus au combat, frappent de si rudes coups, que la République, convaincue de son impuissance à les réduire, leur offre la paix. Chaque jour, presque chaque heure, avait ses batailles entremêlées de succès et de revers. « Celle qui eut lieu à Beaupreau fut malheureuse, dit Coulon ;

[1] M. de la Ville-Baugé, ennemi particulier de Stofflet ; sa jalousie et ses ressentiments contre son chef lui inspirèrent plus tard de mauvais rapports, dont Mme de la Rochejaquelein subit la fâcheuse influence en écrivant ses *Mémoires*.

Mme la comtesse de Bruc fut massacrée dans la déroute [1]. » On prit une magnifique revanche à Cerizais, à Bressuire, à Argenton, « où nous trouvâmes beaucoup de provisions, que nous fîmes rentrer dans l'intérieur du pays ; ce qui nous était bien avantageux, car les républicains faisaient brûler tout ce qu'ils ne pouvaient enlever. Je me rappelle parfaitement que, le lundi gras (3 mars 1794), nous vînmes coucher aux Gardes, et les bleus vinrent coucher à Nuaillé. Le jour de carnaval, au matin, nos avant-gardes se rencontrèrent près Vezins ; bientôt les armées furent aux prises, et nous poursuivîmes les républicains jusqu'au camp du Bois-Grolleau ; il y en eut grand nombre de tués, mais bien peu des nôtres. Nous nous retirâmes à Chanteloup, où nous reçûmes les cendres. J'annote cette particularité pour prouver que M. Henry de la Rochejaquelein n'a pas été tué ce jour-là, comme Mme de la Rochejaquelein le dit dans ses *Mémoires*, à la page 47 de son ouvrage, et qu'il est constant qu'il était mort avant la fameuse affaire de Gesté, dont j'ai parlé plus haut. Ce fut le jour des Cendres que l'on commença à évacuer Cholet, opération terminée le premier vendredi de carême. Le lendemain l'armée alla y mettre le feu, parce que l'on pensait bien que les républicains, ayant incendié tout le pays, se conservaient Cholet pour s'y établir au milieu de nous. »

Les colonnes infernales promenaient l'incendie et le massacre à travers le Bocage. Tant de cruauté provoqua un suprême effort de vengeance, et trois mille Vendéens, — rassemblement considérable dans ce pays dévasté, — se trouvèrent réunis à Saint-Aubin. « Une colonne vint pour nous attaquer, continue Coulon ; nous marchâmes

[1] M. Célestin Port, le savant auteur du *Dict. hist. de Maine-et-Loire*, croit (p. 775, t. II) que je me suis trompé en écrivant, dans *Stofflet et la Vendée* (p. 216), que la comtesse de Bruc a été sabrée par les républicains pendant la retraite des royalistes, de Beaupreau à la Chaussaire. Voilà un témoignage en faveur de mon récit. — Je pourrais invoquer de même le rapport officiel du général républicain Cordelier, daté de la Regrippière le 14 février 1794 ; en rendant compte au général en chef du succès de Beaupreau, il dit : « Les brigands ont perdu beaucoup de leurs chefs aujourd'hui ; une femme entre autres est restée sur le champ de bataille : on a trouvé sur elle une somme considérable en or, argent, assignats et bijoux. »

au devant d'elle, quoique du double de nous ; nous attaquâmes les ennemis dans le fief des Oulleries et les battîmes si complétement, que cette colonne ne reparut plus après nous. Ceux qui se sauvèrent allèrent se réorganiser à Saumur.

» Quelque temps après, une colonne était dans les environs de Vihiers, qui brûlait et massacrait; nous nous trouvâmes à Yzernay ; un rassemblement général fut commandé, mais infructueusement, parce que M. de Marigny en fit un à Cerizais et envoya ses billets de convocation jusqu'à Yzernay. Alors ce malentendu paralysa tout. M. de Marigny attaqua les bleus à la Châtaigneraye et y fut complétement battu; et le rassemblement du général Stofflet ne fut pas assez conséquent pour pouvoir s'opposer à la marche de la colonne de Vihiers, qui ravagea les bords de la Loire jusqu'à Nantes. Ce fut ce malheur qui commença l'indisposition contre M. de Marigny. »

Coulon ne nous donne malheureusement aucun détail sur le terrible drame que provoqua cette « indisposition contre Marigny » ; ses *Notes* arrivent de suite au traité de paix de la Jaunais :

« L'on attribue des torts à Stofflet de ne pas avoir accepté la pacification, lorsque les deux armées de Charette et Sapinaud la firent. Cela peut être, mais, s'il la refusa, ce ne fut que d'après les dispositions de son armée, qui y était absolument opposée, à l'exception de quelques officiers qui nous abandonnèrent. Guibert en fut un, ainsi que les nommés Tottouin, major-général, Renou, chef de division des Aubiers, et plusieurs autres. Ce fut M. Soyer aîné qui remplaça le major-général, et feu père Barré, le secrétaire général. Si le général s'est trompé en refusant la pacification, ce n'a été que son attachement à la cause des Bourbons qui l'y a porté ; il croyait bien sincèrement que leurs intérêts y étaient compromis.

» Au sortir du château de la Jaunais, lieu des conférences, nous rentrâmes à Maulévrier, et les autres officiers chacun à son poste. Les ordres furent donnés pour se préparer aux hostilités. La première colonne qui vint sur nous déboucha par Chalonnes. Le général et quelques officiers se réunirent aux divisions de Chemillé et Beaupreau, qui battirent complétement les républicains. Chacun rentra encore dans ses cantonnements.

» Pendant ce temps, la République dressait son plan d'attaque contre nous et des armées nombreuses arrivèrent sur tous les points dans le pays. Nous fûmes obligés de céder à ces forces majeures. Comme elles entrèrent avec l'intention de pacifier le pays, elles ne se portèrent à aucun excès, de manière que tous les habitants restèrent tranquilles chez eux. Il n'y eut que les officiers et les chasseurs qui se réunirent au général.

» Toutes les armées républicaines firent leur jonction à Cholet. Le général Canclaux commandait en chef; neuf représentants du peuple étaient à la suite ; ils envoyèrent des émissaires à Stofflet, qui se trouvait aux Aubiers, pour lui offrir la paix. Un armistice fut conclu. Le lieu de l'entrevue fut fixé au Chapitre, près Mortagne, et au milieu d'un camp républicain. M. Stofflet fit prévenir M. l'abbé Bernier et tous les officiers de l'armée, qui étaient rentrés dans leurs cantons, de se réunir aux Aubiers. Notre réunion était d'environ 200 hommes. Nous partîmes des Aubiers pour le rendez-vous; nous passâmes au milieu d'une colonne républicaine commandée par le général Legros et devant le camp qui était établi au Château-Gaillard, près Châtillon ; enfin, nous arrivâmes au lieu désigné, où les représentants du peuple nous attendaient. Le conseil privé entra dans la maison et notre troupe resta au milieu du camp républicain. Les propositions furent les mêmes que celles de Nantes. Il fallait reconnaître la République. Cependant quelques-uns disaient au général que ce n'était que pour la forme. Mais Stofflet, qui était inébranlable dans ses principes, ne se laissa point persuader par de belles promesses, ni intimider par la position fâcheuse où il se trouvait, et dit franchement qu'il ne trahirait jamais la cause qu'il avait embrassée. « Général, ce que vous faites là est digne d'un brave ! » s'écria Canclaux. Il y eut encore deux officiers généraux qui abandonnèrent lâchement M. Stofflet. Le conseil se sépara vers minuit et l'armistice se terminait à midi. Nous profitâmes de ce peu de temps pour nous soustraire aux républicains. L'abbé Bernier se retira dans les environs du Lavouër, les autres officiers chacun dans leurs cantons, et plusieurs de nous suivîmes le général, qui se retira dans la forêt de Maulévrier, où nous avions déposé toutes les provisions de l'armée.

» Quelques jours après, l'abbé Bernier écrivit au général de se réunir à lui, qu'il avait entamé de nouvelles entrevues avec le général Humbert, délégué des représentants. Stofflet s'y rendit et me laissa le commandement de ce qui restait dans la forêt, en me donnant l'ordre de n'en point sortir jusqu'à nouvel avis et d'empêcher les incursions qui pourraient déceler notre retraite.

» Peu de jours après le départ du général, onze mille hommes vinrent à quatre heures du matin. Nous ne pûmes rien sauver de ce qu'il y avait : chevaux, bœufs, blés, vins, munitions, tout fut pris par eux ; ils campèrent là plusieurs jours, trouvèrent deux pièces de canon que nous y avions enterrées ; toutes nos ressources furent détruites, même plusieurs Vendéens furent faits prisonniers et envoyés à Saumur. J'informai le général de cet événement ; il venait de conclure un armistice avec Humbert et d'arrêter l'entrevue pour la pacification. Comme les représentants se faisaient escorter par leurs armées, le général, qui était payé pour se méfier d'eux, ordonna un rassemblement général. Tous les habitants se rendirent au château de Monmoutiers et formèrent une armée de huit mille hommes. L'armée républicaine était à Saint-Florent ; la pacification se conclut entre les deux partis le 2 mai 1795. »

Cette pacification ne fut, en réalité, qu'une trêve incertaine ; la République ne tint aucune de ses promesses, ne réalisa aucun des articles du traité ; elle ne paya ni les indemnités dues pour les ruines et les incendies, ni le montant des bons émis par Stofflet, et qui s'élevaient, suivant Coulon, à deux millions deux cent quarante-trois mille francs ; elle maintint ses troupes à l'intérieur des terres et n'évacua même pas le poste de Maulévrier, où le chef vendéen avait fixé sa résidence. Pour ne pas subir un contact perpétuel avec les bleus, il se retira tantôt à la Morosière, tantôt au château du Lavouër, où se réunissait une petite société d'officiers, de gentilshommes et de nobles dames, échappés au couteau de la guillotine ou aux angoisses de l'émigration.

L'un des incidents principaux de cette trève fut la réconciliation de Charette et du chef de l'armée d'Anjou : « Vers la fin de mai, nous disent les *Notes* de Coulon, MM. de Charette et Sapinaud se rapprochèrent de M. Stofflet ; le lieu de l'entrevue fut à Beaurepaire, quartier général de M. Sapinaud. Les trois généraux se réconcilièrent, et tous les officiers imitèrent leur exemple et semblèrent avoir oublié toutes leurs inimitiés pour s'intéresser d'un commun accord à solliciter du gouvernement l'exécution de leurs traités. MM. de Scépeaux, de Béjarry et Gabard furent désignés et nantis de pleins pouvoirs près le comité de Salut public, qui les reçut fort bien (ils eurent même les honneurs de ses séances) ; on leur promit beaucoup, mais l'on ne tint rien.

» Le général Charette se fâcha de la lenteur des républicains à l'exécution de leurs traités ; il se concerta avec le général Sapinaud, et ils recommencèrent les hostilités. Ils écrivirent au général Stofflet de se réunir à eux ; il leur témoigna son mécontentement de ce qu'ils avaient commencé avant son adhésion, leur exposa qu'aucunes précautions n'avaient été prises, que l'on ne pouvait pas faire la guerre sans argent ni munitions dans un pays couvert de nombreuses troupes et à l'instant de la récolte. Il faut noter ici que la disette était à son comble et que l'on attendait la récolte avec impatience. Les habitants, qui s'étaient familiarisés avec les républicains et avaient goûté les douceurs de la paix, n'étaient nullement disposés à la guerre.

» Le général Hoche, qui commandait alors dans le pays, demanda une entrevue au général Stofflet. Elle eut lieu au bourg du May. Je ne sais pas tout ce qui se passa dans les conversations secrètes, mais le général Hoche fit tout ce qu'il put pour décider M. Stofflet à abandonner le pays, lui assurant des passeports et de l'argent pour se retirer où bon lui semblerait. Stofflet refusa généreusement toute proposition et dit à Hoche que jamais il ne sortirait du pays, qu'il tenait au traité fait et que, si la République n'y voulait pas tenir, il agirait autrement. Je puis affirmer que la force avec laquelle Stofflet s'expliqua étonna Hoche, qui croyait n'avoir affaire qu'à un malheureux garde. Les conférences furent très-longues avec M. Bernier, mais je ne sais pas ce qui y fut dit.

» L'affaire de Quiberon eut lieu. Beaucoup d'émigrés vinrent se réfugier au quartier général. Comme le local n'était pas grand et que Stofflet ne pouvait, dans sa position, les recevoir publiquement, il les envoya sur différents points, où il leur faisait fournir ce qui leur était nécessaire. Il fut souvent invité à recommencer les hostilités, mais, ne trouvant pas le moment favorable aux intérêts du roi, il ne voulut point s'y décider. »

Il ne fallut rien moins qu'un ordre royal pour vaincre la résistance éclairée de Stofflet, dont le cœur généreux répugnait à entraîner de braves gens dans une lutte désormais sans espérance ; sujet fidèle, il obéit avec tristesse, mais la prévision d'une issue fatale n'enleva rien à l'énergie de sa volonté, à l'ardeur désintéressée de son dévouement.

« Le chevalier de Colbert, rapporte Coulon, fut chargé, de la part des princes, d'une mission particulière auprès de Stofflet ; il lui apporta la croix de Saint-Louis avec le brevet de lieutenant-général. M. le marquis de Rivière, aide de camp de MONSIEUR, M. le comte de Châtillon et plusieurs officiers supérieurs de Bretagne se réunirent pour décider Stofflet à rompre avec les républicains. Il connaissait parfaitement le danger où il se plongeait, mais il laissa son opinion particulière de côté pour s'attacher à celle de ceux qui lui disaient que le plus grand intérêt de la monarchie l'exigeait. L'abbé Bernier était de cet avis ; il s'occupa de faire des proclamations, qui furent imprimées au Lavouër, et tous ces messieurs en emportèrent pour les différents pays qu'ils commandaient.

» Le 26 janvier 1796, la guerre fut reprise contre la République. Il y avait, à cette époque, peu de troupes dans l'Anjou ; mais de l'instant où le gouvernement s'aperçut que l'on se disposait à recommencer les hostilités, on en fit considérablement descendre et nos projets furent déjoués, malgré toutes les bonnes intentions des officiers.

» Les ordres furent donnés aux chefs de divisions de faire leurs rassemblements; celui du général était dans les landes des Mauges ou des Cabournes. Le ciel se déclara contre nous. De grandes pluies eurent lieu; les eaux dérivèrent de toutes parts; les convocations furent sans effet. Il ne se trouva au lieu du rendez-vous que les chasseurs et ce que nous étions d'officiers au quartier général.

» Le cantonnement de Chemillé était peu nombreux et nous nous décidâmes à l'attaquer, dans la nuit du 28. La grandeur et le nombre des feux que nous aperçûmes nous firent connaître que les bleus devaient être nombreux, et, sur les renseignements que nous prîmes, nous eûmes preuves acquises qu'il leur était venu d'Angers un renfort de six mille hommes. Nous nous retirâmes sans bruit et revînmes prendre un peu de repos à la Morosière; notre troupe campait à Neuvi. Les républicains marchèrent dès le matin sur nous avec une telle précipitation que nous nous trouvâmes pris entre deux colonnes au bourg de Neuvi. Heureusement qu'il n'y avait encore que leur avant-garde d'arrivée du côté du Lavouër, sans quoi nous étions bloqués sans retraite dans les plus mauvais chemins du pays. Nous gagnâmes les hauteurs du Cerisier et, par la bonne contenance que nous fîmes, nous ralentîmes la marche des bleus; la nuit et les grandes eaux les empêchèrent de nous poursuivre plus loin. Nous nous retirâmes en très-bon ordre à Saint-Quentin, où l'on tint conseil sur ce que nous avions à faire; il fut reconnu que nous ne pouvions tenir et décidé que le licenciement aurait lieu, et que l'on attendrait un moment plus favorable pour se rassembler.

» Les habitants avaient goûté les douceurs de la paix et repris le cours ordinaire de leurs affaires; la mauvaise saison, le grand nombre de troupes qui arrivaient dans le pays, les proclamations de Hoche, qui disaient positivement que l'on n'en voulait qu'aux chefs, que la religion et ses ministres seraient respectés, tous ces motifs paralysèrent le parti royaliste.

» Nous prîmes là chacun de notre côté. Je suivis le général avec plusieurs de nos amis. M. Nicolas, chef de la division de Cholet, avait précédemment reçu l'ordre de faire son rassemblement aux Baudières, et nous dirigeâmes nos pas vers ce lieu. Arrivés à la pointe du jour sur la chaussée de l'étang de Péronne, on cria sur nous: « Qui vive ? » Persuadés que c'était le rassemblement de Nicolas, nous répondîmes : Général Stofflet ! On nous accueillit par des coups de fusil. C'était Caffin qui était venu camper là avec trois mille hommes. Stofflet, qui connaissait parfaitement les chemins, nous fit tourner l'étang, passer à travers les landes du Breuil, et ensuite gagner les bois d'Anjou, où nous nous reposâmes deux jours. Nous fûmes informés que M. de Beaurepaire avait un rassemblement dans les environs des Aubiers; nous le rejoignîmes et marchâmes ensuite sur Bressuire, où la garnison était moins forte qu'ailleurs (les forces majeures se tenaient dans l'intérieur du pays). Nous les attaquâmes à la porte Laborte avec tant de courage qu'ils ne purent tenir dans leurs retranchements; nous entrâmes tous pêle-mêle dans la ville; il en périt un grand nombre; ceux qui se sauvèrent se réfugièrent dans le vieux château. Nous prîmes dans cette affaire beaucoup de cartouches. Nous fûmes instruits qu'un convoi était parti de Châtillon pour Bressuire, nous prîmes la résolution de l'enlever; nous laissâmes une garde pour contenir le château, et, suivant la route de Châtillon, nous nous postâmes de manière à prendre les bleus entre deux feux. Il y avait à ce convoi quarante hommes d'escorte qui se défendirent, espérant que ceux du château viendraient à leur secours; ils furent tous tués ou prisonniers. Nous envoyâmes des prisonniers porter des proclamations à différents cantons, en leur assurant que ceux qui se réuniraient aux armées du roi conserveraient leurs grades, et ceux qui ne voudraient pas servir retourneraient dans leurs foyers. Tout fut sans succès. Nous fîmes brûler à la vue des républicains ce que nous ne pûmes emmener. Nous vînmes coucher à Voultegon par le temps le plus affreux. Les colonnes furent instruites de nos marches et nous fûmes encore une fois obligés de chercher notre salut dans la retraite; les habitants se retiraient dans leurs foyers. Le général, quatre autres officiers et moi, nous vînmes nous réfugier dans la forêt de Maulévrier, où un nommé Papin, des Baudières, nous fit faire une loge et nous fournit ce qui était nécessaire à notre subsistance. Nous ne sortions point de la forêt; la neige qui couvrait la terre aurait décelé notre retraite. Ce fut pendant notre séjour dans la forêt que le brave Nicolas, chef de la division de Cholet, fut attaqué à la Brarderie et y périt victime de son courage, avec les braves Charieu jeune et Renou; Fontaine, de Maulévrier, et le jeune Nicolas y furent faits prisonniers : le premier fut fusillé à Cholet et le second envoyé prisonnier d'État à Limoges.

» Notre séjour dans la forêt fut d'environ quinze jours. Ce fut là que le général reçut de l'abbé Bernier l'invitation de se rendre à la Saugrenière, en la paroisse de la Poitevinière, afin de se concerter avec des envoyés de toutes les armées de l'Ouest, pour prendre de nouveaux moyens d'offensive. Le général connaissait parfaitement l'opinion publique et savait par expérience que les habitants ne prendraient jamais les armes, dès l'instant où leurs intérêts ne seraient pas compromis; il en était tellement persuadé, qu'il me disait le long du chemin que nous marchions vers l'échafaud. Enfin, après avoir couru les plus grands dangers, nous arrivâmes à cette métairie de la Saugrenière, le 15 février 1796 [1], à six heures du matin, où nous passâmes la journée; le soir, l'abbé Bernier et grand nombre d'officiers s'y rassemblèrent.

» Le conseil se forma et tint sa séance jusqu'à deux heures du matin. Il fut décidé qu'un agent général de toutes les armées de l'intérieur serait nommé, que des instructions lui seraient données pour faire valoir leurs intérêts près de Sa Majesté et des puissances belligérantes. Ce fut M. le comte de Colbert de Maulévrier qui fut choisi pour remplir ces honorables fonctions. Le conseil renvoya sa séance au soir suivant. La Providence en décida autrement.

» Sur les quatre heures du matin, une colonne partie de Chemillé contourna la métairie de la Saugrenière où le général, avec le

[1] Ici le souvenir de Coulon est infidèle. Les documents officiels fixent la date de la prise de Stofflet dans la nuit du 23 au 24 février.— Une autre hésitation de mémoire se remarque au début de ce récit. Coulon indique la première attaque contre Cholet au *mercredi 14 mars;* or le 14 mars 1793 était un *jeudi.* Mais il importait de respecter le texte, parce qu'un curieux débat subsiste, entre quelques érudits, sur la date précise du début de l'insurrection, et que cette variante pourra intéresser la discussion.

baron de Lichstenheim, un de ses aides de camp, M. Eroudelle, envoyé de Bretagne, et moi, nous étions restés avec deux domestiques et un courrier. Les républicains, dans tout le temps de la guerre, n'avaient jamais passé à cette ferme; son éloignement de toutes les routes, même vicinales, nous inspira trop de confiance. Nous étions même éloignés de penser au danger, lorsque l'on tira autour de la maison des coups de fusil, qui nous réveillèrent. Moi, je ne m'occupai que des papiers, qui étaient restés sur la table; et lorsque je les eus entre les mains je cherchai mes compagnons d'infortune, mais infructueusement. Je crus qu'ils étaient sauvés et ne pensai qu'à me soustraire un instant pour avoir le temps de déchirer ces papiers. J'entendis défoncer toutes les portes à la fois, et les cris répétés de « Vive la République! » me firent présumer que le général était pris. Le brave Stofflet se défendit avec les mains, autant que possible; il était déjà parvenu à se débarrasser d'une assez grande quantité de soldats, lorsqu'il fut atteint de plusieurs coups de baïonnette et d'un coup de sabre qui lui abattit le front sur les yeux. On le pilla, on lui ôta ses habillements, et on le vêtit d'une mauvaise rouppe; on le laissa nu-pieds jusqu'à Chemillé, et ensuite on le conduisit dans cet état à Angers devant un tribunal criminel, où il fut condamné à être fusillé, ainsi que ceux qui furent pris avec lui. Malgré le mauvais état de sa santé, il a conservé jusqu'à la fin le caractère d'un chef vendéen; il n'a nullement voulu répondre aux demandes indiscrètes qui lui furent faites. Sur le terrain et près d'être fusillé, on a voulu lui bander la vue; il dit d'un ton ferme et absolu à ses bourreaux qu'un général vendéen n'avait pas peur des balles. Il est mort en criant : « Vive la Religion et vive le Roi! » Je tiens cela d'un témoin oculaire digne de foi.

» Stofflet a eu dans sa vie privée des faiblesses ; mais dans tout ce qui concerne sa carrière militaire, il a toujours montré beaucoup de fermeté et de courage. Son attachement et son dévouement à la cause des Bourbons ont été invariables. Le roi, en le perdant, a perdu un zélé défenseur de sa cause. »

Ainsi se terminent les *Notes* de Coulon; cette péripétie du drame vendéen méritait d'être citée en entier, car on y recueille des renseignements précieux sur une époque de la guerre trop négligée ou trop méconnue des historiens.

II

La qualité dominante du caractère de Coulon est la modestie : n'est-elle pas la plus touchante parure de la bravoure? A peine a-t-il osé, dans son récit, faire quelques allusions à ses actes personnels; et pourtant aucun soldat ne s'est associé, en un dévouement plus intime et plus fidèle, à l'âme même de la Vendée. Il suffit de citer la glorieuse énumération de ses services.

Chargé des fonctions de capitaine de paroisse, aux débuts de l'insurrection, il eut la jambe traversée d'une balle, en avril 1793, et, au mois d'août suivant, une partie de la mâchoire inférieure emportée par un biscaïen et quatre doigts de la main gauche brisés. Au retour de l'expédition d'Outre-Loire, La Rochejaquelein et Stofflet admirent le vaillant mutilé dans l'état-major de la nouvelle Vendée. Ses conseils lui valurent une si haute considération et une si honorable confiance, que Stofflet le nomma payeur général de l'armée, lorsqu'il régularisa l'organisation de ses troupes et du *pays conquis*. Coulon remplit cette tâche importante jusqu'à la paix de la Jaunais.

« A cette époque, dit-il lui-même dans une lettre que nous avons sous les yeux, le général Stofflet m'engagea de rester auprès de lui, en qualité de secrétaire intime. Alors mon sort fut entièrement lié au sien. Je ne le quittai plus que lorsqu'il fut pris par les républicains et que, par une faveur spéciale du ciel, je fus conservé. Je subis la persécution jusqu'à l'époque où le général d'Autichamp nous fit rentrer dans nos foyers ; mais, loin d'y être tranquille, j'y fus continuellement tourmenté ; mon attachement à la cause de l'autel et du trône et les différents grades que j'avais occupés dans l'armée me firent de nouveau proscrire après le 18 fructidor. Je ne trouvai alors de sûreté que dans la solitude, jusqu'au moment où le général d'Autichamp me donna l'ordre de faire de nouveaux rassemblements en 1799, ce que j'exécutai ; je me réunis à M. de Grignon, et nous fîmes notre jonction avec le général, malgré les obstacles des républicains, et nous continuâmes la campagne. L'arrivée de Bonaparte pacifia notre pays. En 1815, j'ai encore fait tout ce qui a dépendu de moi pour la réussite de l'auguste cause des Bourbons. Par la bonté du roi, j'ai obtenu une pension de neuf cents francs, avec le brevet honorifique de chef de bataillon, et j'ai été nommé chevalier de l'ordre royal et militaire de Saint-Louis [1]. »

Les révolutionnaires ne furent pas les seuls persécuteurs de Coulon ; il trouva des ennemis même dans son parti. Quelques royalistes influents, qui exploitaient la gloire de la Vendée pour la satisfaction d'un orgueil particulier, trouvaient dans ce survivant de la mémorable lutte des géants un témoin importun des services de Stofflet. On commençait à écrire des *Mémoires* et des récits empreints du ressentiment que les brusqueries, les dures sévérités de ce chef avaient laissé dans les cœurs étroits. L'autorité de Coulon

[1] En 1816, Coulon fit partie, avec MM. Soyer aîné, ancien major-général (évêque de Luçon), Cady, Martin-Bodinière, Lhuillier, Tristan Martin, du Doré, de la Vincendière, Oger de l'Isle, de Romain, le marquis de la Bretesche, François Soyer, de Caqueray, de Jourdan, de la Sorinière. et Auguste de la Béraudière, d'une commission chargée d'établir les états de services et d'apprécier les réclamations des survivants de la Vendée, afin d'en soumettre la liste au roi. Cette fonction prouve quelle estime s'était acquise l'ancien payeur général de l'armée d'Anjou.

Coulon avait, du reste, dans sa nombreuse famille, qui tout entière avait pris les armes pour la religion et pour le roi, de beaux exemples de dévouement et en particulier ceux de sa mère et de son père. Il le dit lui-même, dans une lettre adressée à S. A. R. le duc d'Angoulême : « Forcé (après la mort de Stofflet) de rentrer sous les lois de la République, je me retirai à Maulévrier, lieu de ma résidence avant la guerre. Ma mère était tombée sous le feu révolutionnaire ; mon père, à qui l'âge n'avait permis de remplir pendant la guerre que les fonctions de commissaire civil, fut persécuté jusque devant les tribunaux. Les vexations que j'éprouvais de la part des républicains me forcèrent à me reléguer dans une campagne isolée, où je restai jusqu'en 1799, époque où le parti royaliste se réveilla. Alors je rentrai sous les ordres de M. le général d'Autichamp qui, reconnaissant que mon zèle pour nos princes ne s'était point refroidi, me confia le commandement en second de la division de Cholet ; et mon père, malgré ses infirmités, fut encore traîné en prison comme otage. Une nouvelle paix s'étant faite, je retournai dans ma retraite. »

gênait peut-être cette intrigue, dont l'histoire a malheureusement gardé jusqu'ici les traces ; on tenta de l'écarter, et il ne fallut rien moins que l'intervention directe du duc d'Angoulême pour conserver au soldat de Stofflet la perception de Chemillé, confiée à ses soins en récompense du sang versé au service de la monarchie. Coulon mourut dans cette charge, en 1823, regretté comme un brave et honoré comme un patriarche.

Il n'était pas du reste le seul Vendéen qui s'indignât contre les faux récits, mais aucun n'avait peut-être une autorité égale à la sienne pour protester contre l'erreur. Mgr Soyer, évêque de Luçon, — l'ancien major général, — était de cet avis ; il écrivit le 13 septembre 1817 à son émule de bravoure, qui l'avait complimenté sur son élévation au siége épiscopal :

« Monsieur,

» J'ai bien regretté de n'être pas chez mon frère, lorsque vous avez pris la peine d'y venir pour m'offrir vos obligeantes félicitations. La première fois que j'irai à Chemillé, qui va être sur mon chemin pour me rendre à Luçon, j'aurai l'honneur de vous voir et de vous offrir mes remerciements bien sincères. Agréez-les d'avance, Monsieur, en attendant le plaisir que j'aurai à vous les faire de vive voix.

» Mon frère François vous remettra quelques questions sur le brave général Stofflet : il faut blanchir sa mémoire.

» Je vous prie de répondre à ces questions ; on y mettra le style, ne vous occupez que du fond : c'est pour un dictionnaire biographique qui s'imprime.

» Recevez l'assurance de la parfaite considération avec laquelle j'ai l'honneur d'être, Monsieur, votre très-humble serviteur,

» SOYER. »

Quelques jours après, Coulon envoyait ses réponses aux questions du prélat ; il ajoutait, dans une lettre particulière : « Je me félicite d'avance de l'agréable visite que vous m'annoncez, et je vous prie de la réaliser le plus tôt possible. L'ami François m'a remis votre note ; je joins à la présente le résumé que j'ai fait. Veuillez avoir la complaisance de suppléer à tout ce qui y manque pour laisser à la postérité une autre idée que celle que l'on a voulu donner d'un homme qui s'est sacrifié pour la glorieuse cause de son Dieu et de son Roi. »

Questions sur le général Stofflet.

I. — *Qu'était le général dans son origine?*

II. — *En quel corps avait-il servi?*

III. — *Quand a-t-il pris part à la guerre de la Vendée?*

Dès le premier rassemblement qui a eu lieu le 13 mars 1793; il commanda à l'affaire qui eut lieu le 14, où l'on prit Cholet; ensuite, il continua de commander avec Cathelineau ; quelques jours après, l'on se rendit à Chemillé, où l'on commença à organiser l'armée ; c'est là qu'il fit reconnaître M. de Dommaigné pour commandant de la cavalerie, et Forestier, major.

Stofflet et Cathelineau étaient tellement unis, que nous ne connaissions pas lequel était le chef. Ensuite, se réunirent à eux M. d'Elbée, M. de Bonchamps et d'autres qui furent reconnus pour chefs, mais le général Stofflet n'en conserva pas moins sa considération dans l'armée; il y remplissait alors les fonctions de major général.

IV. — *Quel grade a-t-il eu?*

On ne reconnaissait point d'autre grade alors que celui de commandant.

V. — *Quels étaient ses talents, son courage, sa fidélité, son dévouement à la cause du Roi?*

Ses talents étaient uniques pour cette guerre ; il faisait agir avec douceur, avec amitié nos paysans et à l'occasion il était dur, sévère, de manière à les encourager à la victoire et à les contenir dans les défaites. Son courage était extrême. Dans la victoire il savait se posséder, et dans l'adversité il conservait le sang-froid des braves et faisait espérer à ses soldats que dans la revanche l'on serait plus heureux. Personne n'a été plus fidèle que lui. C'est cette fidélité qui lui fit refuser la paix avec la République, lorsque le général Charette la conclut ; car il ne voulait pas qu'il fût dit que Stofflet avait trahi la cause de son Roi. La République envoya ses troupes contre lui. Alors tout le pays était conquis ; nous n'étions que très-peu de soldats ; il nous assembla et nous dit que si nous étions décidés à mourir plutôt que de nous soumettre aux ennemis de notre Roi, il partagerait notre sort. On lui représenta qu'il était inutile de se faire sacrifier inutilement, qu'il fallait se conserver pour une meilleure occasion. Alors ce conseil l'emporta et il fit la paix, le 2 mai 1795. Il conserva toujours, pendant ce traité, son même amour, son même dévouement et le désir de le prouver à la première occasion.

VI. — *S'est-il réjoui de la mort de M. de la Rochejaquelein?*

Je puis assurer qu'il est peut-être celui de la Vendée qui l'a le plus regretté ; j'en ai été souvent le témoin. Dans le particulier, il m'a souvent répété avoir perdu le meilleur de ses amis. Lorsqu'il vit revenir le cheval de M. de la Rochejaquelein et qu'on lui annonça sa mort, il en fut tellement affligé, qu'il tomba, contre son ordinaire, dans une douleur qui lui fit couler des larmes (j'ai cette assertion de plus de trente de nos braves qui y étaient). Mais, s'apercevant que sa tristesse mettait le comble au deuil et à la désolation de sa petite armée, il remonta à cheval, en annonçant que M. de la Rochejaquelein n'était pas mort, qu'il n'était que blessé et qu'on le verrait bientôt reparaître ; il chercha à encourager sa troupe du mieux qu'il put par quelques discours que ses ennemis ont mal interprétés, ou plutôt malicieusement débités ; rien n'est plus faux que cette expression triviale que Mme de la Rochejaquelein a mise dans son histoire, qui lui a été dictée par La Ville-Baugé, ennemi juré du brave général Stofflet [1]. Après la mort de M. de la Rochejaquelein, Stofflet continua à faire des rassemblements, qui se gros-

[1] Mme de la Rochejaquelein faisait dire à Stofflet : « Ce n'était pas le Pérou que votre La Rochejaquelein ! » Tant de protestations se sont élevées contre cette erreur qu'elle ne se trouve plus dans les dernières éditions des *Mémoires*.

sirent bien vite par les incendies et les meurtres que les républicains exerçaient; il eut à lutter contre beaucoup de troupes et éprouva souvent des défaites; mais, sans se décourager, il soutint toujours la lutte et parvint à chasser entièrement les bleus de notre pays.

Vers le mois de juin (c'est à cette époque qu'il organisa l'armée et le pays), il y eut des règlements, tant pour le militaire que pour le civil; enfin, il parvint à faire de notre pays un vrai pays conquis; il y établit un papier-monnaie, d'abord adopté par les généraux Charette et Sapinaud, qui ensuite ne voulurent plus le reconnaître et le discréditèrent; mais, malgré eux, il eut cours en son armée jusqu'à la pacification.

L'on peut dire de ce fidèle sujet du Roi qu'il était brave, qu'il aimait l'ordre et était grand partisan de l'organisation; il était généralement aimé et craint des soldats.

VII. — *Qui l'a décidé à faire fusiller Marigny?*

M. de Charette et Sapinaud. M. de Marigny fut condamné par contumace à la peine capitale, dans un conseil de guerre général, tenu à Jallais par les officiers supérieurs des armées de Charette, Sapinaud et Stofflet. Je me rappelle que l'on dit, dans le temps, qu'il y avait dans le conseil cinq chevaliers de Saint-Louis, du nombre desquels étaient MM. de Fleuriot et de Rostaing, et dix-neuf autres officiers supérieurs des trois armées: elles se trouvaient alors réunies pour marcher sur une colonne républicaine, qui était dans les environs de Saint-Florent-le-Vieil. La désertion de M. de Marigny et de ses soldats, qu'il entraîna, fit manquer l'opération. Les armées se replièrent sur Maulévrier et sur Echaubroignes; à cet endroit, je me trouvai à la séparation de MM. de Charette et Stofflet. Le premier, en embrassant le dernier, lui dit: « Allons, mon ami, restons toujours unis; n'écoutons jamais les conseils perfides des intrigants; donnez-moi souvent de vos nouvelles. Marigny est sûrement dans votre arrondissement, faites veiller. Je vous recommande l'exécution du jugement rendu par le conseil à Jallais. » J'ai été témoin oculaire de ce fait. Dans la correspondance entre les deux généraux *cela a été souvent répété*[1]. Cela est à la connaissance de plusieurs de nous. C'est encore les ennemis jurés de notre brave Stofflet qui lui ont attribué le fait, comme étant le sien, tandis qu'il n'a été que l'exécuteur.

VIII. — *Comment Stofflet a-t-il été pris? Quels étaient ses grades? Quel caractère a-t-il montré?*

Stofflet a été pris dans une métairie de la paroisse de la Poitevinière, nommée la Saugrenière, où il s'était rendu la veille, pour avoir une entrevue avec M. le curé de Saint-Laud, qui lui avait assigné cet endroit pour rendez-vous. Il montra beaucoup de courage, mais malheureusement nous ne pûmes retrouver nos armes. Il s'élança sur les soldats qui étaient à la porte, en terrassa plusieurs, mais le nombre était si grand, qu'il ne put se défendre ; on lui donna plusieurs coups de baïonnette et de sabre, avant de pouvoir l'arrêter. Enfin, on le prit, on le dépouilla de ses habits, et on le vêtit de la mauvaise rouppe d'un soldat et on le conduisit dans cet état à Angers, où il fut condamné par un conseil criminel à être fusillé. Malgré les souffrances de ses blessures, il ne laissa échapper ni plainte, ni murmure ; il fut interrogé publiquement sur tout ce

[1] Voir les *Mémoires* de Mme de Sapinaud sur le même sujet.

Dans *Stofflet et la Vendée* (page 293) se trouve citée une lettre importante du chef de l'armée d'Anjou disant à Charette : « Je ne connais aucun chef de division arbitrairement puni : Marigny seul a succombé; mais vous savez d'après quel témoignage et sur quel avis. »

Et j'ajoutais cette remarque :

« Quel est ce témoignage et quel est cet avis dont Stofflet rappelle la responsabilité à Charette? Nous ne saurions fixer le sens précis de cette dernière partie de la phrase, c'est-à-dire déterminer sur quel fait particulier porte l'allusion. Elle peut se rapporter simplement au réquisitoire et au vote de Charette dans le conseil de guerre qui a condamné Marigny, ou viser cette correspondance mystérieuse que l'abbé Bernier mettait sous les yeux de Stofflet, en réclamant l'exécution de la sentence de mort. Ce point reste obscur. Quelques Vendéens ont pensé, en effet, que ces lettres, dont Bernier a tiré un fatal parti, étaient venues du camp de Charette, soit que ce général les ait écrites lui-même, soit qu'elles aient pour auteur un de ses officiers... »

Lorsque j'écrivais ces lignes, je ne connaissais pas encore ce document, qui m'a été gracieusement communiqué par M. le curé de Châteauneuf-sur-Sarthe, l'un des fils du brave Vendéen ; le témoignage de Coulon jette une clarté nouvelle sur ce drame.

qui avait rapport à la guerre du pays. Ses réponses furent toutes négatives ; il eut la fermeté de dire aux juges que sa mort n'entraînerait point la perte du parti du Roi, qu'en mourant le Roi ne perdait qu'un soldat, et qu'il s'en trouverait bien d'autres pour commander. Il est mort avec la force de caractère d'un grand homme [1].

Au mois de novembre 1795, environ quatre mois avant sa mort, il reçut le titre de lieutenant-général et la décoration de chevalier de Saint-Louis. Sa réception eut lieu au château du Lavoüer ; c'est M. le chevalier de Colbert qui la lui apporta, et lui remit, de la part du Roi, mille guinées.

IX. — *Quels ont été ses démêlés avec Charette, sa conduite, ses procédés envers MM. de Colbert et d'Autichamp?*

Je ne puis pas donner de grands renseignements sur la première demande ; je sais seulement que leurs premières rixes furent occasionnées parce que M. de Charette voulut se faire nommer généralissime, et que M. Stofflet n'y voulut pas consentir ; ensuite, il se forma deux partis et on chercha à indisposer toute la noblesse contre le pauvre Stofflet, en l'accusant d'en être l'ennemi, ce qui est faux. Mais je lui ai entendu dire souvent qu'il aimait mieux un bon roturier se battant bien qu'un noble qui fût lâche. Le brave jouissait toujours d'une grande considération auprès de lui ; c'est ce qui lui fit choisir pour principaux officiers les Soyer, les Nicolas, les Chalon, etc., au préjudice de beaucoup de nobles qui ne l'aimaient pas.

[1] Au château du Coudray-Montbault (commune de Saint-Hilaire-du-Bois), dans un salon, sur une colonne et au milieu d'un bois-de-cerf, on conserve religieusement une épée que l'on croit avoir appartenu à Stofflet ; elle est accompagnée de ce quatrain :

A L'ÉPÉE DE STOFFLET.

Terrible en attaquant, terrible à la défense,
Dans les mains de Stofflet tel fut mon noble emploi ;
Et sans la trahison, oui ! Stofflet avec moi,
Semblable à la Pucelle, eût reconquis la France !

Il eut envers M. de Colbert tous les égards et l'honnêteté possibles. M. d'Autichamp nous revint joindre environ le mois d'août 1795. M. Stofflet se réjouit beaucoup de son arrivée. Je fus témoin de la première entrevue, qui fut on ne peut plus aimable. Le général, en l'embrassant, lui dit : « Ah ! Monsieur d'Autichamp, qu'il y a longtemps que je vous désirais auprès de moi ! que je m'estime heureux de vous posséder, et que je serai aise de recevoir vos ordres ! » M. d'Autichamp lui répondit dans les termes les plus flatteurs, et dit qu'il ne venait auprès de lui que pour recevoir les siens et servir sous ses drapeaux. Je fus extrêmement sensible à cette entrevue ; les attentions de M. Stofflet pour M. d'Autichamp furent continuelles, malgré la malveillance qui chercha à les brouiller.

On remarquera que Coulon garde le silence sur les deux premières interrogations : c'est sa coutume de ne dire que des choses qu'il connaît bien, et cette louable discrétion accroît le prix de son témoignage.

Quel usage a-t-on fait de ces renseignements ? Ont-ils trouvé place dans une notice biographique ? Nous n'en avons pas encore obtenu la preuve. En tout cas, ils n'y auraient pas gardé leur forme originale. Nous craignons que Mgr Soyer, absorbé par les soins de son ministère apostolique, n'ait plus eu le loisir de réaliser le projet de réhabilitation de son général. Aussi est-ce pour nous une véritable satisfaction de livrer ces documents à la publicité : l'impartiale histoire y trouvera son profit.

Nantes. — Imp. Vincent Forest et Émile Grimaud, place du Commerce, 4.

www.ingramcontent.com/pod-product-compliance
Ingram Content Group UK Ltd.
Pitfield, Milton Keynes, MK11 3LW, UK
UKHW020404250726
13967UKWH00005B/2459

9 782013 044288